BEI GRIN MACHT SICH IHR WISSEN BEZAHLT

- Wir veröffentlichen Ihre Hausarbeit, Bachelor- und Masterarbeit

- Ihr eigenes eBook und Buch - weltweit in allen wichtigen Shops

- Verdienen Sie an jedem Verkauf

Jetzt bei www.GRIN.com hochladen und kostenlos publizieren

Bibliografische Information der Deutschen Nationalbibliothek:

Die Deutsche Bibliothek verzeichnet diese Publikation in der Deutschen Nationalbibliografie; detaillierte bibliografische Daten sind im Internet über http://dnb.d-nb.de/ abrufbar.

Dieses Werk sowie alle darin enthaltenen einzelnen Beiträge und Abbildungen sind urheberrechtlich geschützt. Jede Verwertung, die nicht ausdrücklich vom Urheberrechtsschutz zugelassen ist, bedarf der vorherigen Zustimmung des Verlages. Das gilt insbesondere für Vervielfältigungen, Bearbeitungen, Übersetzungen, Mikroverfilmungen, Auswertungen durch Datenbanken und für die Einspeicherung und Verarbeitung in elektronische Systeme. Alle Rechte, auch die des auszugsweisen Nachdrucks, der fotomechanischen Wiedergabe (einschließlich Mikrokopie) sowie der Auswertung durch Datenbanken oder ähnliche Einrichtungen, vorbehalten.

Impressum:

Copyright © 2018 GRIN Verlag
Druck und Bindung: Books on Demand GmbH, Norderstedt Germany
ISBN: 9783668900691

Dieses Buch bei GRIN:

https://www.grin.com/document/458827

Mahmud Tunc

Akteure der Standardisierung. Ammons soziales Kräftefeld am Beispiel der Rechtschreibreform

GRIN Verlag

GRIN - Your knowledge has value

Der GRIN Verlag publiziert seit 1998 wissenschaftliche Arbeiten von Studenten, Hochschullehrern und anderen Akademikern als eBook und gedrucktes Buch. Die Verlagswebsite www.grin.com ist die ideale Plattform zur Veröffentlichung von Hausarbeiten, Abschlussarbeiten, wissenschaftlichen Aufsätzen, Dissertationen und Fachbüchern.

Besuchen Sie uns im Internet:

http://www.grin.com/

http://www.facebook.com/grincom

http://www.twitter.com/grin_com

Universität Hildesheim

Institut für deutsche Sprache und Literatur

Schriftliche Ausarbeitung zum Referat

Thema: Akteure der Standardisierung: Ammons soziales Kräftefeld; Rechtschreibreform als Beispiel

Name: Mahmud Tunc

Semester: WiSe 2017/18

Modul: Vertiefungsmodul 1

Seminar: Metasprachdiskurse und sprachliche Normen

Datum der Abgabe: April 2018

Inhaltsverzeichnis

1. Einleitung 3

2. Die Rechtschreibreform von 1996 - Von der Idee bis zur Umsetzung 3

   2.1 Benennung der beteiligten Akteure 5

3. Reaktionen und Antworten zur Rechtschreibreform 5

   3.1 Frankfurter Erklärung 6
   3.2 Dresdner Erklärung 7

4. Wer bestimmt in der Diskussion um die Rechtschreibreform was Standard ist? .. 8

   4.1 Standard und Norm 8
   4.2 Legitimität von Normen 8
   4.3 Standarddeutsch und die Schwierigkeit der Bestimmung 9
   4.4 Das soziale Kräftefeld nach Ammon als Erklärung für die Entstehung sprachlicher Standards 10

5. Fazit 11

6. Literaturangaben 12

1. Einleitung

„Wir finden, daß dem Staat die Legitimation zu tieferen Eingriffen in die Rechtschreibung, wie sie in der Neuregelung zum Teil vorgenommen werden, fehlt." (Meier 2003, S. 9).

„Die Mitglieder der Reformkommission halten ihr Werk für gut gelungen. Dabei haben sie aber eine Vielzahl an sprachwissenschaftlichen Fehlern gemacht. Diese aufzuzeigen und auch zu beweisen machte ich mir zur Aufgabe." (Harscher 2002, S. 5).

Diese Zitate zeigen auf, dass die lebhafte Diskussion um die deutsche Rechtschreibreform - nach wie vor - eine zentrale Stellung in der deutschen Gesellschaft einnimmt. Es ist davon auszugehen, dass die deutsche Rechtschreibreform kein abgeschlossener Prozess ist, denn die Stimmen der Reformgegner zu unterdrücken ist keine leichte Aufgabe.

Viel zu nahe liegt der Verdacht, dass die Durchsetzung der Reform nicht rechtmäßig war. Es stellt sich daher die Frage, wer denn nun in der Diskussion um die Rechtschreibreform überhaupt bestimmt was Standard ist.

Hierfür soll in dieser schriftlichen Ausarbeitung zunächst einmal der Weg zur Rechtschreibreform von 1996 vorgestellt werden, um einen kleinen Einblick über den Verlauf der Durchsetzung zu gewähren. Des Weiteren wird eine Reaktion zur Rechtschreibreform von 1996 vorgestellt (Frankfurter Erklärung), welche anlässlich der Frankfurter Buchmesse im Jahre 1996 unterzeichnet und vorgestellt wurde. Auch die Antwort auf die Frankfurter Erklärung, welche nicht lange auf sich warten ließ und von den Kultusministern stammt, wird vorgestellt. Für die Analyse muss dann zunächst einmal untersucht werden was Standard ist, von wem dieser ausgegeben wird und wie dieser mit Legitimität in Verbindung steht. Anschließend soll mit dem sozialen Kräftefeld von Ulrich Ammon aufgezeigt werden, wer darüber bestimmt, dass sprachliche Standards festgelegt werden. Mit dem Fazit werden am Ende dieser Arbeit die Ergebnisse resümiert.

2. Die Rechtschreibreform von 1996 - Von der Idee bis zur Umsetzung

Mit der Gründung des Internationalen Arbeitskreises für Orthographie im Jahre 1980 wurde der Grundbaustein für die kommende Rechtschreibreform gelegt, denn die Rechtschreibung rückte in den Fokus der Gesellschaft und der Politik. Die Ziele des Internationalen Arbeitskreises waren deutlich: Koordinierung und Steigerung der Orthographie. Im Jahre 1985 konnte man bereits den ersten Vorschlag präsentieren (vgl. Internationaler Arbeitskreis für Orthographie 1995).

Im Jahre 1987 wurde die Situation verschärft bzw. ernster genommen als zuvor. Die Innenminister der einzelnen Länder und die Kultusminister[1] haben das Institut für deutsche Sprache[2] in Mannheim damit beauftragt „zu den Bereichen Silbentrennung, Interpunktion, Zusammen- und Getrenntschreibung, Fremdwortschreibung und Laut-Buchstaben-Beziehung Vorschläge für eine Reform des Regelwerks vorzulegen und mit der Gesellschaft für deutsche Sprache (Wiesbaden) abzustimmen." (Ballweg et al. 1989, S. VII). Somit haben die genannten Institute im Grunde genommen eine Genehmigung erhalten, ein neues verbindliches Regelwerk zu entwerfen und vorzustellen.

Das Institut für deutsche Sprache sagte am 31.03.1987 zu und gab an, bis Mitte 1988 einen entsprechenden Vorschlag bei den Auftraggebern einzureichen, welcher von einer eigenen Kommission erarbeitet werden sollte. Auch dass dieser Vorschlag mit der Gesellschaft für deutsche Sprache[3] abgestimmt wird, wurde bestätigt (vgl. ebd.). Erst im September 1988 wurde der Vorschlag von beiden Instituten vorgestellt und erörtert (vgl. ebd.). Eingereicht wurde der Entwurf dann aber erst im Oktober 1988 mit entsprechender Stellungnahme der GfdS (vgl. ebd.). Im Nachhinein stellte sich heraus, dass der Vorschlag unvollständig war. Aus diesem Grund wurde dieser von den Auftraggebern wieder zurückgewiesen.

Im Jahre 1992 machte der Internationale Arbeitskreis für Orthographie einen allumfassenden Vorschlag mit dem Titel *Deutsche Rechtschreibung - Vorschläge zu ihrer Neuregelung* (vgl. Internationaler Arbeitskreis für Orthographie 1992). Daraufhin wurden im Jahre 1993 43 verschiedene Verbände darum gebeten, diesen Vorschlag zu überprüfen und gegebenenfalls zu überarbeiten.

Im Jahre 1994 gelang im Grunde genommen der Durchbruch, da das finite Regelwerk von Wissenschaftlern vorgelegt werden konnte. Nach einer minimalen Abänderung des Regelwerks wurde anschließend auf der Kultusministerkonferenz der Reform zugestimmt (vgl. Meier 2003).

---

[1] Ständige Konferenz der Kultusminister

[2] IDS

[3] GfdS

Am 01.07.1996 verpflichteten sich die Länder Deutschland, Österreich, die Schweiz, Lichtenstein und weitere deutschsprachige Länder, die Reform bis zum 01.08.1998 einzuführen. Dass weitere Reformen in den Jahren 2004, 2006 und 2011 erfolgten, liegt daran, dass Sprache etwas Dynamisches ist. Sprache verändert sich ständig und wird aus diesem Grund immer wieder angepasst.

2.1 Benennung der beteiligten Akteure

Aus dem zuvor genannten zeitlichen Ablauf des Prozesses der Rechtschreibreform sind folgende Akteure maßgeblich an den Entscheidungsprozessen beteiligt gewesen. Die Akteure wurden nach ihrer Sozialstruktur und sozialen Kraft (Ammon) geordnet:

1. Wissenschaftler und Sachverständige (Mikroebene - Sprachexperten, Kodifizierer)
2. Internationaler Arbeitskreis für Orthographie (Mesoebene - Kodifizierer)
3. Innenminister und Kultusminister (Mesoebene - Normautoritäten)
4. IDS und GfdS (Mesoebene - Sprachexperten, Kodifizierer)
5. 43 verschiedene Verbände (Mesoebene - Sprachexperten, Kodifizierer)
6. Ganze Länder - Internationale Ebene (Makroebene (Normautoritäten)

3. Reaktionen und Antworten zur Rechtschreibreform

Mit der Durchsetzung der Rechtschreibreform hat man die Meinungen der deutschen Gesellschaft gespalten. Das Lager der Befürworter ist mindestens genau so groß wie das Lager der Gegner der Reform. Zahlreiche offene Briefe wurden verfasst. Des Weiteren wurden Beschwerden eingelegt. Man hat sich vereinigt, um die Reform doch noch auf irgendeine Art und Weise zu verhindern. Jedoch waren all diese Versuche erfolglos. Einer dieser Versuche, die Rechtschreibreform zurückzuweisen, wird im Folgenden vorgestellt (Frankfurter Erklärung). Anschließend wird die Antwort der Kultusministerkonferenz hierauf vorgestellt (vgl. Siegner 1997, S. 35.f.).
Die Akteure, die an den folgenden Reaktionen und Antworten beteiligt gewesen waren, werden im Folgenden schriftlich hervorgehoben.

3.1 Frankfurter Erklärung

Die Frankfurter Erklärung ist eine reformkritische Reaktion vom 06. Oktober 1996 und ist als Antwort auf die Durchsetzung der Rechtschreibreform zu betrachten. Im Rahmen der Frankfurter Buchmesse des selben Jahres wurde in Form einer schriftlichen Resolution der Versuch gewagt, die Rechtschreibreform doch noch zu unterbinden. Hierfür wurde die Resolution unter anderem auch von verschiedenen bekannten Persönlichkeiten, wie zum Beispiel Schriftstellern, Verlegern und Journalisten unterschrieben (vgl. Frankfurter Erklärung 1996). Zu den bekanntesten unterzeichnenden Personen sind Günter Grass, Ilse Aichinger und Hans Magnus Enzensberger zu nennen (vgl. ebd.).

Initiator und Organisator der Resolution war der Deutschlehrer und Publizist Friedrich Denk, welcher Flugblätter an den Ständen der Buchmesse auslegte, in der Hoffnung genügend Unterschriften von den Besuchern sammeln zu können, um die Durchsetzung der kommenden Reform verhindern zu können.

Man bemängelte in der Resolution, dass es sich um eine Reform handeln würde, „die in den meisten Punkten keineswegs notwendig ist, in vielem sogar eine Verschlechterung bedeutet und - abgesehen von der ss-Regelung - nur etwa 0,05 Prozent eines durchschnittlichen Textes betreffen würde." (Frankfurter Erklärung 1996, Absatz 2).

Da es sich um eine Reform handeln würde, die sowieso weitestgehend sinnlos sei, „bitten die unterzeichneten **Germanisten, Pädagogen, Schüler und Studenten, Schriftsteller, Bibliothekare, Archivare und Historiker, Verleger, Buchhändler, Journalisten und Liebhaber der deutschen Sprache und Literatur** die verantwortlichen Politiker in Deutschland, in Österreich und in der Schweiz, diese von einer kleinen, weitgehend anonymen Expertengruppe vorgeschlagene Rechtschreibreform, deren Einführung Millionen von Arbeitsstunden vergeuden, jahrzehntelange Verwirrung stiften, dem Ansehen der deutschen Sprache und Literatur im In- und Ausland schaden und mehrere Milliarden DM kosten würde, die wenigen zugutekommen würden und von uns allen zu tragen wären, umgehend zu stoppen und bei der bisherigen Rechtschreibung zu bleiben." (Frankfurter Erklärung 1996, Absatz 3).

Mit der Frankfurter Erklärung hat man möglicherweise ein Zeichen gesetzt, jedoch keine Erfolge erzielen können. Die Dresdner Erklärung wird im Folgenden aufzeigen, dass die Durchsetzung der Reform nicht mehr zu unterbinden gewesen war (vgl. Siegner 1997, vgl. KMK 1996).

3.2 Dresdner Erklärung

Die Dresdner Erklärung ist die Antwort der **Kultusministerkonferenz** auf die Frankfurter Erklärung. Es handelt sich hierbei um eine Widerlegung der Beschuldigungen aus der Frankfurter Erklärung. Auf der 277. Plenarsitzung am 24. /25. Oktober 1996 wurden in Dresden die erbrachten Argumente aus der Frankfurter Erklärung als falsch zurückgewiesen (vgl. KMK 1996).

Zunächst einmal gingen die Kultusminister davon aus, dass die Neuregelung der Rechtschreibung „in den vergangenen Jahren Gegenstand eines breiten wissenschaftlichen, politischen und öffentlichen Diskussionsprozesses gewesen" sei. „Falsch ist also der Vorwurf, die Neuregelung der Rechtschreibung sei von einer "kleinen, weitgehend anonymen Expertengruppe" erarbeitet worden. (KMK 1996, Absatz 1).
Zudem brachten die Kultusminister Argumente hervor, die sich im Wesentlichen auf die Vorteile der Reform konzentrieren. Man ging davon aus, dass die Neuregelung der Rechtschreibung die Sprache nicht auf den Kopf stellt, sondern dass sie „behutsam Ungereimtheiten, die sich in 100 Jahren entwickelt haben" beseitigt (vgl. ebd. Absatz 2). Außerdem mache sie „übersichtlicher, logischer und transparenter und wird das Schreiben erleichtern, ohne die kulturelle Tradition zu schmälern." (vgl. ebd.).
Des Weiteren bemängelte man in der Dresdner Erklärung, dass man sich am Entscheidungsprozess nicht beteiligt habe, denn „Schriftsteller und Publizisten waren aufgefordert, sich in den demokratischen Entscheidungsprozeß einzuschalten, haben diese Chance aber nicht wahrgenommen und beklagen nun das Ergebnis eines Willensbildungsprozesses, dem sie sich verweigert haben. Nun ist der demokratische Entscheidungsprozeß für die Neuregelung der Rechtschreibung im ganzen deutschsprachigen Raum abgeschlossen. Daran kann auch der verspätete Protest der Schriftsteller und Publizisten nichts ändern." (vgl. ebd. Absatz 1).

Auch an dieser Stelle stellt man fest, dass die Frankfurter Erklärung keine Wirkung erzielen konnte und auch keine Wirkung erzielt hat, denn der Entscheidungsprozess war bereits abgeschlossen (vgl. KMK 1996). Zu spät kam das Engagement der beteiligten Akteure.

4. Wer bestimmt in der Diskussion um die Rechtschreibreform was Standard ist?

Im Folgenden soll untersucht werden, wer in der Diskussion um die Rechtschreibreform überhaupt bestimmt, was Standard ist bzw. wer denn überhaupt festlegt, welche Sprachformen standardsprachlich sind.
Diese Untersuchung erfolgt auf Basis der zuvor vorgestellten Rechtschreibreform aus dem Jahre 1996.

4.1 Standard und Norm

Die Begriffe *Standard* und *Norm* stehen in einem besonderen Verhältnis zueinander, denn in der Regel wird der Begriff *Standard* mit der *Norm* der Sprache gleichgesetzt (vgl. Ammon 2005). Wenn man beispielsweise sagt „Das ist normwidrig im Deutschen", möchte man eigentlich darauf hinaus, dass es sich hierbei nicht um Standarddeutsch handelt (vgl. ebd., S. 31f.). Wenn also etwas gegen die Norm ist, dann kann auch nicht von *Standard* die Rede sein.
Bei Normen handelt es sich wiederum um allgemeine Vorschriften, welche von Autoritäten ausgegeben werden und von diesen auch durchgesetzt werden (vgl. Ammon 2005). Diese Normen finden ihren Platz in der Gesellschaft, weil Autoritäten glaubhaft sind, wodurch Normen ihre Gültigkeit bekommen. Von echten Normen spricht man, wenn die Normsubjekte diese Normen verinnerlicht haben und sich auch danach orientieren (vgl. ebd., S. 39). Jedoch ist zu betonen, dass die Autoritäten zur Normausgabe- und Durchsetzung befugt sein müssen.

4.2 Legitimität von Normen

Von der Existenz von Normen bzw. Gültigkeit der Normen ist schließlich ihre Legitimität zu unterscheiden (vgl. ebd. S. 39ff.).
Normen gewinnen ihre Legitimität durch ihre Kompatibilität mit anerkannten Werten (vgl. Ammon 2005, S. 40). Speziell in diesem Zusammenhang sind standardsprachliche Werte von besonderer Bedeutung. Es gibt viele verschiedene standardsprachliche Werte, wie zum Beispiel eine systemlinguistische Begründbarkeit im Zusammenhang mit einem Wert der Wissenschaftlichkeit (vgl. ebd.). Des Weiteren gibt es eine kommunikative Effizienz,

hierbei gibt es einen Wert der Wirtschaftlichkeit (vgl. ebd.). Außerdem gibt es eine Nationalsymbolik mit entsprechendem Wert der nationalen Identität und Loyalität (vgl. ebd.). Hinzu kommt die „Fairness gegenüber allen Regionen des Staates oder gegenüber den verschiedenen Nationen der Sprachgemeinschaft (Wert der Gleichberechtigung der Regionen bzw. Nationen)" (vgl. ebd., S. 40). Als letztes führt Ammon noch den Wert der sprachlichen Chancengleichheit auf (vgl. ebd.).

Zusammenfassend lässt sich feststellen, dass Normen ihre Legitimität dann erhalten, wenn sie einen gewissen Wert für die Gesellschaft erbringen. Diese Werte können sehr unterschiedlich ausfallen (s.o.).

4.3 Standarddeutsch und die Schwierigkeit der Bestimmung

An dieser Stelle wird deutlich, wie berechtigt die Frage ist, wer überhaupt bestimmt was Standard ist, denn die Schwierigkeit bei der Bestimmung von Standarddeutsch ist die, dass es kein einheitliches Standarddeutsch gibt. Spätestens jetzt sollte man sich die Frage stellen, wie es überhaupt sein kann, dass es trotzdem jemanden gibt, der das bestimmt.

Das, was wir als Standarddeutsch bezeichnen, variiert nämlich in nationaler (Variation zwischen Nationen), subnationaler (Variation innerhalb einer Nation) und sowohl nationaler wie subnationaler Hinsicht (zwischen Nationen und innerhalb einer Nation zum selben Zeitpunkt) (vgl. Ammon 2005, S. 29). Für Letzteres gibt Ammon in seinem Werk ein sinnvolles und nützliches Beispiel: „In Österreich speist man *Fleischlaibchen*, in Ostdeutschland *Buletten,* in Nord- und Mittelwestdeutschland *Frikadellen* und Weiteres mehr." (vgl. ebd.).

Hinzu kommt die Tatsache, dass es kaum Unterschiede bezüglich eines einheitlichen Standarddeutsch zwischen Deutschland, Österreich und der Schweiz gibt. Deutsche Dialekte unterscheiden sich hingegen sehr stark (vgl. ebd. ff.). An dieser Stelle sollte man sich auch fragen, wie es sein kann, dass man überhaupt einen Standard festlegen kann und wenn man diesen festlegen kann, so sollte man sich die Frage stellen, warum es ausgerechnet diese Person oder diese Gruppe an Personen entscheidet.

4.4 Das soziale Kräftefeld nach Ammon als Erklärung für die Entstehung sprachlicher Standards

Das soziale Kräftefeld von Ammon beinhaltet vier maßgebliche soziale Kräfte, die hochgradig miteinander in Verbindung stehen: Normautoritäten, Modellsprecher, Kodifizierer und Sprachexperten.

Laut Ammon können im Grunde genommen alle Personen Normautoritäten sein, weil jeder auf seine Art und Weise in der Lage ist, andere zu korrigieren. Durch Normautoritäten existieren Sprachnormen als solche erst. Modellsprecher sind Personen, die uns vorleben, wie man sprechen könnte. Hierzu zählen beispielsweise Nachrichtensprecher oder ganz allgemein Vorbilder. Im Nachhinein kann man sich auf diese nämlich berufen, sollte es zu Fehlern in der Sprache kommen. Bei den Sprachkodifizierern handelt es sich um autoritative Nachschlagewerke, wie z.B dem Duden, auf den man sich ebenfalls im Nachhinein berufen kann. Die Sprachexperten sind beispielsweise sprachwissenschaftliche Fachleute, die als solche auch gelten. Die Besonderheit hier ist aber, dass sie bei Sprachkonfliktfällen gegen den oben genannten Kodex vorgehen können. Zu ihren Aufgaben gehört das Kritisieren der Normsetzung des Kodexes und das Bewirken von Änderungen in späteren Auflagen (vgl. Ammon 2005). Hinzu kommt die Bevölkerungsmehrheit, die sich innerhalb dieses Modells bewegt und den 'Standard' prägen kann.

Mit diesem Konzept gibt Ammon einen Erklärungsversuch für das Zustandekommen der Festlegung eines Standards bezüglich einer Sprache.

Der Standard, der durch die Rechtschreibreform von 1996 definiert wurde, wurde von den oben genannten Akteuren geprägt (s. Kapitel 2.1). Alle Akteure kommen in dem Modell von Ammon vor, jedoch kann man feststellen, dass die Personen bzw. die Akteure verschiedene soziale Kräfte einnehmen können. Es ist also durchaus möglich, dass Akteure Normautoritäten, Sprachexperten und Sprachkodifizierer zugleich sind. Hierdurch gestaltet sich das Kritisieren des Sprachkodexes aber schwierig. Somit ist davon auszugehen, dass die sozialen Kräfte in einem Spannungsverhältnis zueinander stehen, gerade weil sie verschiedene soziale Kräfte bzw. Positionen einnehmen können. Weiterhin ist an dem Modell auffällig, dass einerseits die Bevölkerungsmehrheit den Standard bildet, andererseits beruft sich die Bevölkerungsmehrheit auf den Sprachkodex und greift auch im Zweifelsfall darauf zurück.

Im Falle der Frankfurter Erklärung ist davon auszugehen, dass die Personen, die unterschrieben haben, Modellsprecher und Sprachexperten sind. Diese Modellsprecher und

Sprachexperten versuchen gegen die Kultusministerkonferenz (Normautoritäten) und den neuen Sprachkodex anzukämpfen. Somit stehen Modellsprecher, Sprachexperten, Normautoritäten und die Kodifizierer in engem Konflikt miteinander.

5. Fazit

In dieser Arbeit wurde der Prozess der Rechtschreibreform von 1996 vorgestellt. Die beteiligten Akteure wurden benannt und auch Reaktionen aus der Gesellschaft und aus der Politik wurden vorgestellt. Anschließend wurde festgestellt, dass die Begriffe *Standard* und *Norm* eng miteinander in Verbindung stehen, wenn nicht sogar gleichzusetzen sind. Darüber hinaus wurde herausgefunden, dass Normen Legitimität benötigen, um eine Akzeptanz in der Gesellschaft zu erhalten. Sie müssen einen gewissen Wert mit sich bringen, um dauerhaft Anerkennung zu finden. Des Weiteren ist anzumerken, dass es eine Schwierigkeit bei der Bestimmung von Standarddeutsch gibt, weil Standarddeutsch in verschiedenen Hinsichten variiert. Diese Aspekte zeigen auf, dass die Forschungsfrage dieser Arbeit berechtigt ist. Wenn Standarddeutsch so schwer zu definieren ist, wie kann es dann sein, dass es jemanden gibt, der bestimmt was Standardsprache ist (Beispiel Rechtschreibreform 1996)?

Im letzten Kapitel wurde anschließend untersucht, wie Standardsprache zustande kommt. Dies wurde mit Hilfe des sozialen Kräftemodells von Ammon dargelegt. Problematisch ist, dass verschiedene Akteure auch verschiedene soziale Kräfte einnehmen können. Diese stehen anschließend in einem unkalkulierbaren Spannungsverhältnis zueinander.

Im Falle der Rechtschreibreform von 1996 kann man davon ausgehen, dass die Kultusministerkonferenz als Normautorität einzustufen ist. Als Sprachkodifizierer und Sprachexperten gelten das IDS, die GfdS und der Internationale Arbeitskreis für Orthographie. Die Frankfurter Erklärung mit all seinen Unterstützern ist den Modellsprechern und den Sprachexperten zuzuordnen, die versuchen gegen die Normautoritäten anzugehen.

6. Literaturangaben

Ammon, U. (2005): Standard und Variation: Norm, Autorität, Legitimation. In: Eichinger, L. M. / Kallmeyer, W. (Hrsg.): Standardvariationen. Wie viel Variation verträgt die deutsche Standardsprache? Berlin - New York: de Gruyter.

Ballweg, J., Keim, I., Steger, H., Wimmer, R. (1989): Zur Neuregelung der deutschen Rechtschreibung. Band 2. Düsseldorf: Pädagogischer Verlag Schwann-Bagel GmbH.

Internationaler Arbeitskreis für Orthographie (1992): Deutsche Rechtschreibung - Vorschläge zu ihrer Neuregelung. Tübingen: Gunter Narr Verlag.

Internationaler Arbeitskreis für Orthographie (1995): Deutsche Rechtschreibung. Regeln und Wörterverzeichnis. Vorlage für die amtliche Regelung. Tübingen: Gunter Narr Verlag.

Meier, Christian (2003): Zur Reform der deutschen Rechtschreibung. Ein Kompromißvorschlag. 1. Auflage. Göttingen: Wallstein Verlag.

Siegner, Alexander (1997): Rechtschreibreform auf dem Prüfstand. St. Goar: Leibniz Verlag.

Von Harscher, Gerhard. (2002): Rechtschreibreform - so nicht! Offener Brief an unsere Kultusminister. 1. Auflage, 500 Expl. Im Selbstverlag. Hamburg: Selbstverlag.

Internetnutzung

- Frankfurter Erklärung (1996):
  http://won.mayn.de/rechtschreibreform/n-fra-e.html
  abgerufen am 05.04.2018

- KMK: Dresdner Erklärung (1996):
  http://won.mayn.de/rechtschreibreform/n-dre-e.html
  abgerufen am 05.04.2018

BEI GRIN MACHT SICH IHR WISSEN BEZAHLT

- Wir veröffentlichen Ihre Hausarbeit, Bachelor- und Masterarbeit

- Ihr eigenes eBook und Buch - weltweit in allen wichtigen Shops

- Verdienen Sie an jedem Verkauf

Jetzt bei www.GRIN.com hochladen und kostenlos publizieren